Uwe Schieferdecker

Alt-Dresden

Auf den ersten Blick

Wartberg Verlag

In unserer „Reihe Bilder aus Dresden" sind bisher erschienen:

(1) Dresden – Ein verlorenes Stadtbild
(2) Dresden – Bewegte Zeiten – Die 50er und 60er Jahre
(3) Dresden – Fotografien von gestern und heute – Eine Gegenüberstellung
(4) Ein Rundgang durch das alte Dresden
(5) Alt-Dresden – Auf den ersten Blick

Bildnachweis

Bundesarchiv Koblenz:
Seite 13 - 146/2000/4015A, Seite 16 - 122/P/19701, Seite 41 - 146/2000/4/3A,
Seite 43 - 122/P/19718

Sächsische Landesbibliothek Dresden,
Staats- und Universitätsbibliothek Dresden, Deutsche Fotothek:
Titel - W. Hahn 312617, Seite 4/5 - W. Hahn 312820, Seite 6o. - 122726, Seite 6u. - W. Hahn 310901,
Seite 7o. - 55240, Seite 7u. - W. Hahn 310839, Seite 8 - 62268, Seite 9 - Janernig 123899,
Seite 10/11 - 310227 (ZLB/L0367/72), Seite 12o. - W. Möbius M5156, Seite 12u. - W. Hahn 305039,
Seite 14/15 - 305871 (ZLB/L0575/72), Seite 17 - 84634, Seite 18 - 114343, Seite 19 - Gleisberg 40359,
Seite 20 - 305334, Seite 21 - E. A. Donadini 42449, Seite 22/23 - W. Möbius 53396,
Seite 24/25 - 63586, Seite 26/27 - W. Hahn 305813, Seite 28/29 - Dup. Neg. v. W. Hahn 312947,
Seite 30/31 - W. Hahn 310217, Seite 32 - 186625, Seite 33 - A. & R. Adam 277775,
Seite 34/35 - A. & R. Adam 276837, Seite 36/37 - W. Hahn 310310, Seite 38 - A. & R. Adam 277774,
Seite 39 - W. Möbius 51823, Seite 40 - W. Möbius 60371, Seite 42 - 265210,
Seite 44/45 - W. Hahn 304390, Seite 46/47 - Dup v. W. Hahn 310219

1. Auflage 2000
Alle Rechte vorbehalten, auch die des auszugsweisen Nachdrucks
und der fotomechanischen Wiedergabe.
Satz & Layout: SK Sportservice u. Marketing, Kassel
Druck: Werbedruck GmbH Horst Schreckhase, Spangenberg
Buchbinderische Verarbeitung: Büge, Celle
©Wartberg Verlag GmbH & Co. KG
34281 Gudensberg-Gleichen, Im Wiesental 1
Tel. 0 56 03 / 9 30 50 - Fax: 0 56 03 / 30 83 - www.wartberg-verlag.de
ISBN 3-86134-688-5

Vorwort

Schon seit Jahrhunderten begeistert Dresden den ankommenden Reisenden. Mag sein, dass die Handelsleute um 1200 noch anders empfanden. Unweit der heutigen Augustusbrücke kreuzten sich damals an einer Furt zwei Fernhandelswege zwischen Nord und Süd, Ost und West. Das Elbtal bedeckten um diese Zeit schwer passierbare Auenwälder, Sümpfe und Seen; der Elbstrom selbst war vielfach verwildert. 1206 wurde Dresden erstmals urkundlich genannt, ein Jahrzehnt später führen es die Annalen bereits als Stadt. Noch fristete es ein Schattendasein zwischen den wohlhabenden Orten Meißen und Pirna. Erst ab 1485, als das sächsische Fürstengeschlecht der Wettiner die Stadt zur Residenz erkor, begann Dresdens Stern zu leuchten ...

Zwei Glanzzeiten verzeichnet die Geschichte der Stadt: das sechzehnte Jahrhundert und die Barockära des frühen achtzehnten Jahrhunderts. Von den prachtvollen Renaissancebauten der Epoche um 1550 ließen Kriege, Stadtbrände und spätere Neubauten wenig übrig. Doch Dresdens reiche Sammlungen gründeten sich in dieser Zeit. Auch der Stallhof und das Residenzschloss retten ein wenig vom einstigen Glanz ins 21. Jahrhundert. Unter August dem Starken (1670/1733), Sachsens Regent und König der Polen, galt die Elbestadt neuerlich als reichste europäische Residenz. Viele Legenden, Dresdens Ruf als Barockstadt und eine Reihe bedeutender Bauten stammen aus diesem Zeitalter. Selbstverständlich auch sein Wahrzeichen, der Zwinger.

Im 19. Jahrhundert verlor Sachsen politisch an Geltung. Dafür entwickelte sich Dresden zu einem Treffpunkt europäischer Künstler und Lebemenschen. Ob nun Russisch oder Französisch, Polnisch oder Italienisch – viele Sprachen mischten sich auf der Brühlschen Terrasse unter das heimische Sächsisch. Dresdens berühmter Kunsttempel, die sogenannte Semperoper, ist nicht zufällig ein Kind des 19. Jahrhunderts.

Der Jahrhunderte während Glanz fand im Zweiten Weltkrieg ein bitteres Ende. Noch im Januar 1945 galt Dresden als die am wenigsten zerstörte deutsche Großstadt. Vom späten Abend des 13. bis zur Mittagsstunde des 15. Februar verkehrten mehrere englische und amerikanische Bombardements das Bild. Der größte konventionelle Bombenangriff der Menschheitsgeschichte hinterließ in der deutschen Kunststadt 35 000 Tote, 15 Millionen Tonnen Trümmer und die restlos zerstörte historische Innenstadt. In den Jahrzehnten nach dem Krieg wurden eine ganze Reihe bedeutender sakraler und höfischer Bauten wieder errichtet: Vom Zwinger, der Hof-, Kreuz- und Dreikönigskirche bis hin zur einstigen Hofoper Gottfried Sempers. Wie kein zweites Vorhaben verzeichnet der Wiederaufbau der Frauenkirche weltweite Aufmerksamkeit.
Allzu wenig aber erinnert heute in der Innenstadt an das einstige, so unerhört reiche bürgerliche Dresden. Weite Teile des Zentrums werden inzwischen von uniformen Plattenbauten aus DDR-Zeiten, zweitklassigen Abschreibungsprojekten der Nachwende-Ära oder auch noch von städtebaulichen Brachen eingenommen. An das frühere Gesamtkunstwerk „Elbflorenz" knüpfen die Bauherren nur selten an. So mag es verständlich sein, dass alte und junge Einwohner bis heute in nostalgisch verklärter Erinnerung an das unzerstörte Dresden leben. In diesem Sinne führen uns die Fotografien dieses Bandes zurück in die Zeit nach der Jahrhundertwende. Damals lag über den historischen Straßenzügen, Kirchen und Palästen noch immer der Glanz der Residenzstadt ...

Uwe Schieferdecker

Das Foto aus dem Jahr 1925 zeigt das kleinteilige Umfeld des Neumarktes. Rechts am Platz die 95 Meter hohe Kuppel der Frauenkirche, links der Theaterplatz mit seinen historischen Bauten.
Unten links mündet die König-Johann-Straße (heute Wilsdruffer Straße) in den nordöstlichen Altmarkt.

Zwei reizvolle Ansichten der Altstadtsilhouette: In dem Foto vom Kirchturm der Neustädter Dreikönigskirche fehlt von den charakteristischen Türmen noch der 1910 errichtete Rathausturm. Kein Wunder, das Bild *(oben)* entstand um 1870. *Unten* ein Blick von der linkselbischen Kaimauer unter dem Bogen der Albertbrücke hindurch zur Altstadt.

Vom Schlossplatz aus wird der Blick über die prachtvoll geschmückte Pöppelmannsche Augustusbrücke zum Neustädter Blockhaus geführt *(oben)*. Schon seit 1902 ein beliebtes Motiv am rechten Elbufer: Zwischen der Carola- und der Albertbrücke steht die von Ernst Moritz Geyger geschaffene überlebensgroße Bronzefigur „Bogenschütze" *(unten)*.

Fotos Seite 8 und 9: Die bereits 1403 Elbstraße genannte Schlossstraße war bis ins 19. Jahrhundert die nord-südlich verlaufende Hauptverkehrsstraße Dresdens. Neben zahlreichen renommierten Geschäften befanden sich hier das Hotel de Pologne, im 19. Jahrhundert zum Stammsitz der Dresdner Bank umgebaut, sowie die Hofapotheke. Die Vielfalt der oft prunkvollen Fassaden verdeutlicht die lange Geschichte des Straßenzuges. Die Schlossstraße wird am Ende vom quer stehenden Georgentor abgeschlossen, links sind die Neorenaissancefassaden des Schlosses erkennbar.

Der Postplatz entstand erst 1811 nach Abbruch des Wilsdruffer Tores.

Zwar ohne städtebauliches Konzept bebaut, wurde die Platzanlage doch von wichtigen Gebäuden gesäumt: Oben der Zwinger und die Sophienkirche, rechts das beliebte Lokal des „Stadtwaldschlösschens", vorn im Bild das Hauptpostamt und das Telegrafenamt, auf der rechten Seite sind der Giebel des Palasthotels Weber sowie das Schauspielhaus zu sehen.

Fotos linke Seite: Die Langgalerie des Zwingers mit dem Kronentor, dahinter die Sophienkirche *(oben).* Der Wallgraben war um 1812 zugeschüttet worden und wurde im Zuge der Zwingersanierung 1924/36 wieder geöffnet. Die Verbindung zum Zwingerteich *(unten)* entstand erst 1951 wieder. Im Hintergrund der Bühnenturm von Sempers zweiter Hofoper.

Foto oben: Der Theaterplatz mit dem am 12. April 1841 eingeweihten ersten Opernhaus Gottfried Sempers. Der hochgelobte Bau in der Formen der italienischen Frührenaissance diente auch dem Schauspiel. Am 29. September 1869 brannte er nach unsachgemäßen Instandsetzungsarbeiten bis auf die Grundmauern aus und wurde abgerissen. Nur um wenige Meter versetzt, entstand an seiner Stelle 1871/78 Sempers zweites Opernhaus.

Das barocke Taschenbergpalais entstand 1705/08 für die bekannteste Mätresse Augusts des Starken, die Gräfin Cosel. Es trägt die Handschrift von Zwingerarchitekt Matthäus Daniel Pöppelmann, auch Johann Friedrich Karcher wirkte an dem Ursprungsbau mit. Ein halbes Jahrhundert später wurde der 48 Meter breite Mittelbau durch die beiden Flügelbauten ergänzt. In dem neben dem Residenzschloss gelegenen Palais wohnte bis Anfang des 20. Jahrhunderts jeweils die Kronprinzenfamilie, was ihm damals zur Bezeichnung „Prinzenpalais" verhalf.

Die historische Altstadt mit der Frauenkirche (links). Im Vordergrund befindet sich der Altmarkt.

Vor der Zerstörung zeichnete sich der älteste Platz Dresdens durch seine ausgewogenen Proportionen aus: Vier- bis fünfgeschossige Geschäftshäuser säumten den Platz mit seinen 100 bzw. 130 Meter langen Fronten. Gerühmt wurde der Festsaalcharakter des Altmarktes. Die Kreuzkirche als alte Stadtkirche hatte ihren Platz – wie üblich in Sachsen – in Blickbeziehung und doch außerhalb des Marktplatzes.

Foto Seite 18: Eine sehr markante, vielleicht die bedeutendste Ecke Dresdens: An der Löwenapotheke kreuzte sich die wichtigste Ost-West-Achse mit der entsprechenden Nord-Süd-Verbindung. Da der barocke Vorgängerbau die Wilsdruffer Straße (rechts) auf zwölf Meter Breite abschnürte, errichtete Stadtbaurat Johann Jakob Erlwein nach langen und heftigen Diskussionen 1913/14 einen Neubau. Gleichzeitig wurde die Fassade des Alten Rathauses (links) aufgefrischt und dessen Erdgeschoss umgebaut.

Foto Seite 19: Auf diesem Foto des Jahres 1927 präsentiert sich der Pirnaische Platz als belebter Stadtplatz – ganz im Gegensatz zur gähnenden Leere der Gegenwart. Hier seine Ostseite mit dem Eingang zur Grunaer Straße.

Foto Seite 20: Blick von der Schießgasse in die Rampische Straße mit der gewaltigen Kuppel der Frauenkirche im Hintergrund. Diese Ansicht galt als das Postkartenmotiv des Sakralbaus schlechthin. Die Rampische Straße war wohl die wichtigste Barockstraße Dresdens. Ihren Namen erhielt sie von der mittelalterlichen Siedlung Ranvolitz, die bis zum 15. Jahrhundert östlich der damaligen Stadt existierte.

Foto Seite 21: Neben prachtvollen Barockfassaden gab es im Neumarktquartier auch ältere Gebäude. Die hier abgebildeten Bauten der Salzgasse – ein heute aufgelassener Straßenzug parallel zur Rampischen Straße – wurden bereits 1935 im Zuge der sogenannten Stadterneuerung abgerissen.

Foto Seite 22: Der Stallhof gilt noch heute als die besterhaltene Turnieranlage aus der Renaissance in Deutschland. Der zwischen 1586 und 1591 entstandenen Anlage mussten seinerzeit zwei Dutzend Bürgerhäuser und die alte Synagoge weichen. In den dreißiger Jahren des 20. Jahrhunderts erfolgte eine kurze Neuauflage des Mitte des achtzehnten Jahrhunderts eingeschlafenen höfischen Spektakels der Reiterturniere.

Foto Seite 23: Das 1683 gleichzeitig mit dem umliegenden Park errichtete Palais gilt als erster Barockbau Sachsens. Das Lustschloss entstand an der Schnittstelle der zwei Hauptalleen des Großen Gartens. Im ersten Obergeschoss befand sich der prachtvolle, über zwei Etagen reichende Festsaal. Die kostbare Innenausstattung des Palais wurde 1945 völlig zerstört.

Bis 1945 galt die Prager Straße – im Bild der südliche Eingang am Hauptbahnhof – als eleganteste Flaniermeile der Stadt. In dem lediglich 14 bis 17 Meter breiten Straßenzug hatten sich seit Mitte des 19. Jahrhunderts namhafte Warenhäuser und Bekleidungsgeschäfte, Kaffeehäuser und Theater sowie Juweliere angesiedelt.

Blick auf die östliche Innere Neustadt. Rechts vorne im Bild das 1912 errichtete Zirkusgebäude des berühmten Unternehmens „Sarrasani".
Diagonal in der Bildmitte befindet sich das „Wackerbarthsche Palais" der Ritterakademie, um 1725 als Kadettenanstalt entstanden. Links unten ist die Hauptstraße angeschnitten, hier ist auch die Neustädter Markthalle zu erkennen.

Der nördliche Teil der Inneren Neustadt. Vorn rechts führt die Rähnitzgasse ins Bild. An ihrem Ende steht die Dreikönigskirche, deren Schiff bis zur Hauptstraße reicht. In der Bildmitte führt die Königsstraße zum Albertplatz.

An der gelungenen Platzanlage des 19. Jahrhunderts sind die Schaufassaden des Alberttheaters (1873) und der Villa Eschebach (1901) zu sehen.

Blick vom Neustädter Markt mit dem Denkmal des Goldenen Reiters – kein Geringerer als August der Starke – in die Hauptstraße Richtung Albertplatz. Links steht das um 1750 errichtete Neustädter Rathaus, im Hintergrund erhebt sich der Turm der Dreikönigskirche. Die beiden Fahnenmasten vor den beiden Platanenreihen erinnern an einen Besuch des Kaisers im Jahr 1893.

Der Albertplatz galt im 19. Jahrhundert als einer der schönsten deutschen Plätze. 1894 wurden die beiden von Robert Diez geschaffenen Brunnen „Stille Wasser" und „Stürmische Wogen" (im Bild) aufgestellt. Im Hintergrund die Türme der um 1855 entstandenen katholischen Kirche St. Franziskus Xaverius.

Zu Beginn des 20. Jahrhunderts plante Martin Dülfer für die rasch wachsende Technische Hochschule im Süden Dresdens eine Hochschulstadt, von der neben den chemischen Instituten nur der Beyer-Bau mit seinem markanten Observatoriumsturm verwirklicht wurde (Bildmitte). Rechts ist die 1903 geweihte Lukaskirche zu erkennen. Den Turm krönte damals noch der spitze Helm. Im Hintergrund erstreckt sich die Innenstadt.

Der Stadtteil Strehlen mit der 1905 im Jugendstil erbauten zweitürmigen Christuskirche.
Im Vordergrund verläuft die Teplitzer Straße, rechts befindet sich die Siedlung der Eisenbahnerbaugenossenschaft aus den Jahren 1922–24.

Der Blick auf den Stadtteil Striesen der zwanziger Jahre offenbart eine städtebauliche Qualität der Bebauung, um die Dresden von vielen Städten beneidet wird. Bereits 1860 legte ein Bebauungsplan die offene Bebauung mit drei- bis viergeschossigen Häusern fest. Der so für Dresden entstandene Bautyp des Würfelhauses, auch „Kaffeemühle" genannt, entsprach weit mehr einer Stadtvilla als die zahllosen Verballhornungen dieser Bezeichnung in der Gegenwart. Im Bild links ist die 1899 von den Freimaurern an der Eisenacher Straße errichtete Realschule (Scharnhorst-Oberschule) zu sehen.

Das beliebteste Dresdner Volksfest, die Vogelwiese, weist eine mehr als fünfhundertjährige Tradition auf. Ab 1700 fungierte die Bogenschützengesellschaft als Veranstalter. Das traditionsreiche jährliche Fest spielte in der ersten Hälfte des 20. Jahrhunderts eine wesentlich größere Rolle als in der Gegenwart. Die Zeitungen berichteten täglich in großer Aufmachung über die Veranstaltungen. Bis zu 60 000 Besucher sollen sich gleichzeitig in den und um die achthundert Buden, Zelte und sonstigen Belustigungen herum auf einer Fläche von elf Hektar aufgehalten haben.

Der Carolasee im Großen Garten.

Blick von Blasewitz auf das rechtselbische Fischer- und Weinbauerndorf Loschwitz. Auf den Höhen schließt sich der berühmte Stadtteil „Weißer Hirsch" an. Um 1900 entwickelte sich Oberloschwitz zum beliebtesten Villenvorort der Stadt. Rechts führen die Schienen der ersten europäischen Bergschwebebahn in die Höhe. Links befindet sich das beliebte Restaurant Luisenhof, wegen des spektakulären Ausblicks auch „Balkon Dresdens" genannt.

Die Ansicht vom Loschwitzer Burgberg aus dem Jahr 1939 zeigt die Fachwerkhäuser am Eingang der Grundstraße, dahinter liegt die Loschwitzer Kirche. Am Hang links ist die stählerne Konstruktion der Schwebebahn zu sehen. In den zahlreichen Villen längs des Straßenzuges wohnten und wohnen bekannte Dresdner. Im Hintergrund erstrecken sich das Elbtal und die linkselbischen Höhen zwischen Erzgebirge und Sächsischer Schweiz.

Zwischen Loschwitz auf Höhenlage des Elbstroms und Oberloschwitz verkehrt neben der Schwebeseilbahn von 1901 die bereits 1895 eingeweihte Standseilbahn. Bis 1900 diente sie sogar dem Güterverkehr. Auf einer Strecke von 563 Meter überwindet die Bahn einen Höhenunterschied von 95 Metern.

Die berühmte Loschwitzer Brücke, allgemein „Blaues Wunder" genannt, hat über den Elbstrom eine Spannweite von 141,5 Metern. Technisch handelt es sich um keine Hängebrücke, sondern um eine sogenannte Stahlfachwerkbrücke. Rechts oben ist das Oberloschwitzer Restaurant Luisenhof zu sehen.

Luftbild vom Wasserpalais des Schlosses Pillnitz mit einem Sportflugzeug im Vordergrund. Im Hintergrund erhebt sich der 355 Meter hohe bewaldete Borsberg, zu seinen Füßen liegt der Vorort Graupa.

Weitere im Wartberg Verlag erschienene Bücher

Heike Liebsch, Uwe Schieferdecker
Dresden
Ein verlorenes Stadtbild
Historische Fotografien
72 S., geb., zahlreiche S/w-Fotos
ISBN 3-86134-116-6

Uwe Schieferdecker
Dresden — Bewegte Zeiten
Die 50er und 60er Jahre
Historische Fotografien
72 S., gebunden, zahlreiche S/w-Fotos
ISBN 3-86134-343-6

Uwe Schieferdecker, C. Münch
Dresden
Ein Stadtbild im Wandel
Fotografien von gestern und heute
48 S., gebunden, S/w- und Farbfotos
ISBN 3-86134-245-6

Uwe Schieferdecker
Dresden aus der Luft—
wie es einmal war
64 S. geb., Großformat, zahlreiche S/w-Fotos
ISBN 3-86134-529-3

Uwe Schieferdecker
Das war das 20. Jahrhundert
in Dresden
104 S., geb., Großformat, reich bebildert
ISBN 3-86134-686-9

Uwe Schieferdecker
Rundgang durch das alte
Dresden
64 S., geb., zahlr. S/w-Fotos,
Großformat
ISBN 3-86134-687-7

Norbert Peschke
Zwickau — Gestern und heute
Eine Gegenüberstellung
60 S., geb., zahlreiche S/w- und Farbfotos
ISBN 3-86134-410-6

Uwe Fiedler
Chemnitz
Ein verlorenes Stadtbild
Historische Fotografien
72 S., geb., zahlreiche S/w-Fotos
ISBN 3-86134-175-1

Uwe Fiedler, Wolfgang Landgrebe
Chemnitz — Gestern und heute
Eine Gegenüberstellung
60 S. geb., zahlreiche S/w- und Farbfotos
ISBN 3-86134-404-1

Uwe Fiedler, Gabriele Viertel
Chemnitz aus der Luft —
wie es einmal war
64 S., geb., zahlreiche S/w-Fotos
ISBN 3-86134-535-8

Uwe Schieferdecker
Alt-Dresden
Auf den ersten Blick
48 S., gebunden, zahlreiche S/w-Fotos
ISBN 3-86134-688-5

Anette Bauer, Jörg Nicklaus
Aus alter Arbeitszeit
im Erzgebirge
Historische Fotografien
64 S., gebunden, Großformat, S/w-Fotos
ISBN 3-86134-341-X

Wartberg Verlag GmbH & Co. KG

34281 Gudensberg-Gleichen, Im Wiesental 1
Tel.: 05603/93050 · Fax: 05603/3083 · www.wartberg-verlag.de